Lições de Taxidermia

Fernando Antônio Dusi Rocha

Lições de Taxidermia

Ateliê Editorial

Copyright © 2009 by Fernando Antônio Dusi Rocha

Direitos reservados e protegidos pela Lei 9.610 de 19.2.98. É proibida a reprodução total ou parcial sem autorização, por escrito, da editora.

Dados Internacionais de Catalogação na Publicação (CIP)
(Câmara Brasileira do Livro, SP, Brasil)

Rocha, Fernando Antônio Dusi
Lições de Taxidermia / Fernando Antônio Dusi Rocha. – Cotia, SP: Ateliê Editorial, 2009.

ISBN 978-85-7480-445-3

1. Poesia brasileira I. Título

09-08129   CDD-869.91

Índices para catálogo sistemático:
1. Poesia: Literatura brasileira   869.91

Direitos reservados à
Ateliê Editorial
Estrada da Aldeia de Carapicuíba, 897
06709-300 – Cotia – SP
Telefax (11) 4612-9666
www.atelie.com.br
atelie@atelie.com.br

Printed in Brazil 2009
Foi feito o depósito legal

Dissipa tu se lo vuoi
Questa debole vita che si lagna
EUGENIO MONTALE

Sumário

Safári de um Monge Dominicano 11
Corpo de Delito 13
Viagem Sorteada à Estratosfera 14
Spending My Time 17
Lição de Entomologia 18
Lição de Ventriloquia 21
O Extravio 24
Quando Descobri que Você já Morava em meu Jardim . . . 26
Boulangerie 27
Atravessando Aqueronte 29
Quatro Sonetos para Paula 31
   Primo 31
   Secondo 32
   Terzo 33
   Quarto 34
Translucências Quase Possíveis 35
Il Tassidermista 50
   Cara mia, il catalogo c'è questo 50
   Il mio tesoro intanto 52

Là ci darem la mano 54
Eh via, buffone 56
Deh! vieni alla finestra 58
Solo, solo in buio loco 60
Questo è il fin di chi fa mal 62
A Complacência dos Volscos 64
Pequeno Exercício de Austeridade 65
Ex-votos 67
A Visita Messiânica de Rintintin 69
Meu Dia no Olimpo 71
Naftalínicas (1) 73
Naftalínicas (2) 75
Naftalínicas (3) 77
Facing My Ghosts 78
Corrente de Humboldt 79
Sucumbência 81
Laurette com uma Chávena de Café 82
A Noite Límbica de Alejandra Pizarnik 84

Sobre o Autor 87

SAFÁRI DE UM MONGE DOMINICANO

nas quintas que percorri: vales abismos poças
rios matas javalis e uma zebra num safári alado
na ponta de meus dedos a textura inexata de um

vidro. Nas névoas que percorri: o conteúdo de
tudo a contingência de nada. Nas pontas de meus
dedos o roçar das unhas num vidro morno de luz

num sol de meio-dia e nas matinais quase
esquecidas. Nas sombras que percorri: o voo
involuntário de meu coração. Nas pontas de meus

dedos. Entre mim e o infinito a fronteira embaçada
de um vidro morno de luz. Só a vidraça de uma lembrança
resgatada. E mesmo que sua virtual essência hoje

se alterasse era só vidraça. E lá fora corriam as nuvens
o rio o vale e os javalis cantavam réquiens engas-
gados. A zebra murmurava seus temores. Nos

meus ouvidos uma oração quase solúvel
– zelai por mim porque hoje não mais percorro
essas quintas! – Velai por quem não mais

entoa matinais por quem se furta ao conforto
das liturgias das horas! Agora! E a toda hora e
em todos os vidros rompidos estilhaçados e colados

por resina cervical. Minha substância que hoje
percorre o frio do vidro me quer refém daquele
instante: minha renitência em amar e minhas

ressonâncias de tanto viver em meus
dedos o oco da janela. Lá fora bate um sol de
meio-dia. No vazio de vales abismos poças

rios matas javalis e uma zebra em lento
burburinho: meu murmúrio meu encontro
– velai por essa profecia deslocada!

CORPO DE DELITO

o defloramento de uma gazela:
de algum modo já assisti esse enredo
e sempre o retive como expectante:
jurei nunca mais cair de joelhos
e lhe pedir perdão pelo estripamento
medindo nos gomos da faca o medo
de ser comparsa de um assassínio ritual
de ser uma farsa dessa poeira mistral
de ser uma trapaça todo o ato batismal
de ser mordaça de minha culpa abissal

VIAGEM SORTEADA À ESTRATOSFERA

ainda me pergunto
como acertar sua jugular
no mesmo ato em que a possuo
nem meus dentes
nem meus gomos ou gemidos
me perdoam por desistir dessa
arquitetura virtual
se ainda mais me pergunto
é porque me repudia a noção
de uma jugular livre da mira do sexo
porque afinal jugulares não
se entrecruzam nas coxas
só ecoam batidas baixas
estorvadas
por um impulso irreprimível

*

temendo o acerto
preferi não mais me afundar
nas águas azinhavradas de meu

coração
(é de veludo a ponta de uma
faca adormecida)
dessa sordidez tento preservar-me nas
tormentas
no eixo de toda culpa
mas esconder-me em nada me redime
torna apenas o engodo da faca
e do veludo em espera do
eterno duelo
(jamais desembainhar as injúrias deste
canto num desconcerto sem
testemunhas)
minh'alma merecia uma capa mais
verossímel
talvez pela insistência em não me despir
dos gumes que enveredam minha vida

*

desfibrilei-me em vidros moídos
em cristais sedimentados do próprio
sêmen
em colchas de retalhos e de ganidos
deteve-me o coice arredondado
de um fauno
(a metade que em mim é bestificada
e ainda tenta ser dialética)
o hemisfério escaldante
que ainda resiste ao desfibrilar-se

no infarte do fauno sem rosto
onde meu sangue jorra
em lavas de gozo
em cápsulas absurdas de
enlevo
em viagens estratosféricas
sem assento marcado
aí respiro
oxigeno-me nesta
crosta rarefeita
aí um tropel de faunos
me acotovela
enquanto percebo a
curvatura azul da terra

SPENDING MY TIME

provavelmente eu não escreveria nada disto sem rima *to make me stop and think about it before* mas as pessoas esperam que eu escreva coisas insanas *sometimes I forget what other people just may think* ainda agora meus dedos roçam uma nova trova *I know how to take me* e essa vontade invade minhas instâncias vazias *if they heard some shit I lay* não há escolhas nesse beco sem saída *you ain't gonna' make or break me* só me resta a possibilidade de esticar minhas tripas *and thus you face me with your gun* não me deixam escolhas nesta trova sem prumo: pouco importa o que ganho ou o que perco com isto *it's enough* provavelmente eu terminaria estes versos com rima *but I don't know how to erase me*

LIÇÃO DE ENTOMOLOGIA

casulos sodomizados
(em suspiro último de
introspecção)
roubaram suas asas úmidas
ai de mim
que não tenho asas
de tamanha envergadura
nada é capaz de me medir
ai de mim que não rompo casulos
só o suspiro
o arquejante anseio
que não me alcança

*

casulos tontos,
invertam meu norte
(se me vale este mote)
que isto venha em troca
do meus anseios
por crisálidas soltas
por tanto amar

em piscinas de quartzo
entre corais restaurados
em sopas de metais
entre crisálidas sem
metamorfose
sem menarca
atravessadas
pelo encanto
de dias mornos
na longitude de outros
nortes

*

se filtrar pudesse
minha alma desfragmentada
reinventaria a gravidade
(essa lei que em quedas
absorvo)
se filtrar pudesse
nuvens de amianto
ao pó me reverteria
só para aspirar no pó
o que das altitudes baixasse
se me filtrar pudesse
tornaria este canto
uma reação quântica
fecundaria as flores de sua alma
reciprocamente desfragmentada
se meu encanto pudesse

exalar
em solavancos
o resto insolúvel
de nosso amor
(se filtrado pudesse ser)

*

às vezes perco minhas
dimensões e meu corte
longitudinal me atordoa
prendo relíquias no pescoço
medalhinhas desbotadas
berloques de minha avó
patuás executam em mim
a dança ritual do fogo
coroinhas me circundam
hoje já não lavo mais as mãos
nem as deito em lavanda
roubo santos de cemitério
faço pilhagem de ex-votos
minhas coordenadas me
anistiam: sou a leste cortado
por cordilheiras que se
alinham para o mar onde
me desemboco em delta
sou o encontro de todas
as minhas esquinas
e nelas rezo missas
impronunciáveis

LIÇÃO DE VENTRILOQUIA

exorto os iniciados à renúncia de
todo sentido. De que me serviriam
palavras numinosas se as que tenho
mantenho sob custódia?
palavras que
sobram em minhas mãos de ventríloquo:
uma voz que insiste
em não ser mais minha
que timbra as mesmas cordas
e reza a mesma gramática
de futuridade
(quando penso em calar o boneco
atinge-me um murro ocular
quando penso em quebrá-lo
autoproclamo insignificância)
não sou mais do que a invenção dessa
voz tão antiga
ou serei o contragolpe
desse encantamento?

*

chamuscadas são as mãos que tocam
sua face. Testo sua ardência
entre fogos-fátuos (minha
pólvora quase ocasional)
deixo-me vaguear por entre palavras
brancas e opacas
enrosco-me em dentes
entre pernas e penas
sua face não me assusta:
só esgota minha ardência
retesada em imagens
arcanas
em trilhas de rubis
(onde não se conjugam as primeiras pessoas)

*

entre a renúncia e a posse
opto pelo rapto das palavras
(o roubo de borboletas que habitam perucas barrocas
insinuando um falar medieval). Ouço esse
roçar de penas: carícias de quem
sempre se afoga
nessa fadiga constante
entre mãos pernas
grotas suadas
dentes afiados
e vítimas conscientes
(que saberíamos da morte

não fossem as apneias
em piscinas de sudorese?)

*

afinal, pra que tanto desprendimento
tanta possessão?
só pra flagrar um monumento à fuga
ou pra tropeçar em algum degrau de vergonha?
se a carne não suporta mais do que lhe aguça
a frugalidade
que venha então a contraprova dos bacantes:
a pura lassidão que os tempos perdoam
(por não mais temerem uma simples decadência)

O EXTRAVIO

perguntei por você em tantas vozes
em tantas lacunas semânticas
em tantos subjuntivos pretéritos
em tantos universais substantivos
mas você não me responde
só se afasta e se encafua
em seu refúgio de pátina
ainda percebo seu dedo inquieto
na penúria de minhas mãos
nas trinchas de minhas costas
sumiram-se as falas na sombra e
em meus braços ouço seu silêncio
que sustenta a desconfiança
de nunca remover essa oxidação
sim pois em você tudo se oxida:
o antigo o moderno o claro o escuro
o orgânico e o inorgânico colidem
numa dialética de conflito
tudo isso extravia meu desejo
e me quedo em pavimentos erráticos

sob um véu que ainda a esconde e
rouba de mim meu método catártico
todo sonho numa redoma de vidro
de onde você insiste em não sair
perguntei por você e ouvi
um sussurro: sumiram-se as vozes
na sombra e na mágoa
por salas e salas de nosso desencontro

QUANDO DESCOBRI QUE VOCÊ JÁ MORAVA EM MEU JARDIM

Para Gardênia

descobri que você já morava em meu jardim
na estação da seca insistia em brotar toda
branca acetinada e com perfume ancestral
descobri ainda que já morava na vida de todos
nós – dos seus e dos seus amigos regados como
todas as gardênias de meu jardim. Ai, que bom
ver você colher hoje todos seus sonhos confirmados
todos seus desejos refletidos numa claridade que
jamais abandona sua face de flor. Ai, que bom re-
descobrir você em cada estação em repetidas
e tão queridas etapas de nossas vidas. Seu cetim
branco enfurnado na estampa de um papel japonês:
este toque clareado a cada primavera. Seu amor
em toda floritura sem o embaçamento dos tempos
na petulância de continuar a ser flor: sem o descaimento
do pé que lhe sustenta. Ai, que bom ver você todos
os dias em meu jardim: branca em perfume zelado
e quase solar. Quando descobri tudo isso você
já tinha consolado toda nossa boba saudade. Ai
de nós que temíamos pelo nosso próprio destino!

BOULANGERIE

dei forma à sombra
numa padaria de esquina
apalpei sua crosta de estanho
seu acabamento provisório
sua massa de almas

exposta em vitrine
vi minha estampa fundida
entre merengues
e madeleines

previ o rabisco do confeiteiro
em minhas letras com pressa
em minha caligrafia meio zonza

desmaiei

hoje
ainda mordo um pedaço
sobressalente daquela torta:

uma massa vencida
uma alma deslocada
uma forma frouxa

sem estremecimento

ATRAVESSANDO AQUERONTE

quis escrever um novo tratado de lógica
para que meus rebentos numéricos
me servissem de espectadores
na tentativa de encurtar as trevas

quis refugar números atômicos
estrangular números leptônicos
para que possíveis estados de grandeza
me confirmassem a química da escuridão

quis furtar do raio seu sétimo círculo
num tresvario rouco e pitagórico
para multiplicar pelo infinito
tudo que você leva de meu ser histórico

mas os prótons não tergiversam
nem léptons nem antiléptons se doam
só colhem proteínas iônicas
e o que buscam no seu ser perdoam

quis abençoar um pântano
onde vivesse a pura recriação
em páginas de fac-símile
sua oblação e minha sofreguidão

quis afogar cisnes avestruzes
tarântulas pajens obuzes
no cálido verde desta putrefação
sujando as águas de Aqueronte

oh rio incorrompível, que trevas
ainda hei de atravessar sem me banhar?
sem perverter os ciclos que me
anelam sem furar a fila do inferno?

quisera agora atravessar Aqueronte
comprando minha total alforria
com overdoses de endorfina de serotonina
de cocaína de morfina ou só de uma querubina

mas Aqueronte arrotou seu segredo
e o fluxo inútil de suas águas se cansou
roeu ainda mais a corda do paraíso
e me devolveu à sua margem direita

onde prótons pântanos camisinhas
xilocaína uísque barato e adrenalina
onde meu tratado de lógica sem publicação
me consolam à sombra de toda escuridão

QUATRO SONETOS PARA PAULA

Primo

as estrelas expunham aquele diminuto
meteoro: intacto pulsante e róseo
não diria tratar-se de um descaimento
de um parto ou de um aparecimento

era antes uma trégua dos deuses
medi-me concentrei-me no jogo
comparamo-nos sem sucesso ao joio
a pastos desconhecidos de almas idas

saiu do casulo com uma intrepidez
que naquela manhã a luz nos convidava
às artimanhas de uma nova completude

e era à luz que refratava: seus passos
vagos nos levavam à esteira de outros
meteoros: gema estelar de nossos corações

Secondo

queria mimosear-lhe com orações, cantigas
de ninar sonhos de algodão doce. Queria
dar-lhe uma vida inédita um produto semi-
acabado: uma querência imediata e solar

queria oferecer-lhe a prova de estrelas
filantes achadas em nosso quintal. Um
buquê de bolinhas de gude ao ser engolido
por um ser abstrato. E só então fartar-me

de tantas quinquilharias. Atulhar-me da
comoção de vidros quebrados de panos rotos
de um diamante enterrado lá na infância

queria pedir desculpas ao tempo por esse
arroubo. Por não ter-me afrontado e por
não ter-me esgotado na medida dessa alegria

TERZO

mas a demência, infanta irriquieta, ainda
nos aturde. E toda felicidade parece não
mais caber num ideal. Parece frear-se em
falsificações chinesas e cliclês baratos

toda essa demência não seria dominada
no ato de nos entregar. De renunciarmos
ao hábito insolente de carimbar o visto
de quem ainda atravessa nossas fronteiras

e a paciência? Por que as horas escorrem
entre nossos dedos sem que possamos ler
em braile o acabamento do outro-em-mim?

não me desminta! Sei que os limites que
rompemos não são tão frouxos quanto os seus
só sua vontade é exponencial: vero legado

Quarto

abra, princesa curiosa, do seu livro uma
página indecifrada. Cerre seus olhos e percorra léguas de ilusões: paralelepídedos de
luz carvalhos alados najas arrependidas

mulas coxas e os ritos cibernéticos que
adulam seu *mouse*. Inale um pressentimento
uma indecisão por vagar em terras distantes
ou se acomode à sombra de uma amendoeira:

ela lhe mostrará o fastio das estrelas lhe
concederá salvo-conduto para novas excursões
lhe tornará grávida de tudo o que desejar

de nada importará a poeira de seres cadentes
pois à sua estirpe pouco vale a anistia: só um
passaporte versos de Dante e uma alma inacabada

TRANSLUCÊNCIAS QUASE POSSÍVEIS

> *Is it the sea you hear in me,*
> *Its dissastisfactions?*
> *Or the voice of nothing, that was your madness?*
>
> Sylvia Plath

I

quis partir
deixando um rasto de partículas voláteis
de gases liquefeitos
de lança-perfumes em cascatas
um cheiro arcaico
me distanciando da fuga
quis fragmentar-me
despetalando-me em camadas
de sonhos
no estranhamento de dois mundos:
de um planeta convexo
de uma alma côncava
de um satélite de gases raros
numa química inabalável
em implosões subatômicas
fazendo luz
no meu novo universo

II

quis abafar esse soluço
tão antigo quanto minha
incerteza
pulsações diafragmais
que abusam de
minhas lembranças
quis sufocar esse choro
no desígnio de suspender
outras contrações
o autoestrangulamento das
entranhas em cadência
sincrônica
só então desatar-me desse
nó: sentir meu diafragma
livre do incômodo das
pulsões de minh'alma
dissecar-me vivo e

alcançar o hiato de outras
almas numa sopa babenta
de refluxos intermitentes
de reciprocidades soluçantes

III

quis derramar-me
em infinito gozo só para
testar minha capacidade
de explosão
deixando cacos à mostra
ossos arqueológicos
juntas esclerosadas
dedos amorfos
gozar repetidas vezes
sem compulsão nem clemência
até cumprir toda a geografia pitagórica
e atingir a culminância nos ralos
onde se ejetam fetos improváveis
seguindo a profundeza dos
dejetos e sobre eles
construir uma torre de ônix
é um gozo parnasiano e quase

necrófilo: uma estenografia de
insinuações precisas
um fluxo de metáforas
vencidas que
deságuam no paraíso

IV

quis desagregar-me
em espécies raras
em condores e tigres-dentes-de-sabre
decompor-me em sonhos avulsos
sob ação alucinógena
em grânulos de isopor
fundir-me a subespécies extintas
a constelações recém-descobertas
a fábulas impresumíveis
desfazer-me em emulações
inúteis
vociferando uma nova
biogênese
com os restos da humanidade
ajuntar detalhes vaidosos
da ciência
e então proclamar

um terceiro universo:
num muro branco pichar
que sobrevivi

V

quis
desfinar pianos
com raios catódicos
ressoar irresoluções harmônicas
em compassos de cópula
quis
desfazer meu planos
seguir saltimbancos
desatar nós
que um dia tentei engolir
sem saliva
quis
roubar a audácia
das espinhas de minha cara
imberbe
experimentar novas formas de
ejaculação

alcançar o ápice do furúnculo
em exames táteis
e descansar entre os bordões
repercutindo o rumor
de minhas
próprias cordas

VI

quis
oferecer-me às múmias
para nelas ganhar alguma
latitude
um quadrante de coordenadas
atônitas
um buraco no mapa-múndi
um recuo tsunâmico
na minha amplitude roubada
meus ângulos encobertos em
superfícies ocas
quis
mumificar-me em sessões
de cura quântica
num ponto geoprocessado
em retilíneas entranhas em muros de
corais

entre sereias com seios siliconados
celacantos em vasos de formol
no farol onde pressinto o resto
dessa tormenta
onde o naufragar me é doce
onde o mar me é indulgente

VII

quis
ser pacífico
conciliar ângulos de desvio
desfazer cruzadas inúteis
repartindo espólios
e relíquias
pacífico
como uma poça de rua
pisável como uma folha
destronável como tiranos
tão pacífico
quanto um papel branco
um borrão de nanquim uma
marca de batom um incenso de
flor de laranjeira uma dose de
brandy uma guimba de cigarro
barato como um arranjo de rosas

vermelhas
pacífico como o
beijo de nossa despedida
naquela noite que nunca acabou
pela falta que nunca amortece
no zênite
de nossas encruzadas

VIII

quis não
mais ser pacífico
hoje destrono deuses
me assenhoro de potestades descalço
monjas escusas penhoro restos da nobreza
refaço enredos perdidos
disfarço rastros de amantes atravanco
a porta dos céus e ainda assim não me vingo
me exilo em meu jardim para fotografar
relâmpagos surpreender consciências
inacabadas acabar com consciências ocas
esvaziar a solidão raptada roubar vinhos de missa
restabelecer
heresias de ritos fáceis
hoje tapeio o fastio em exercícios
órficos: minha consumação sacramental
num poema de quase impossibilidade

minha expectativa escatológica em
profundezas arcanas e humanas
meu limbo testado em embates
lascivos
confesso apenas temer a tática do silêncio:
por isso repasso a cada dia minha sintaxe
no subjuntivo presente: o rumo do
meu mundo não se perca
em esquinas
sem amargura nem ranhura

IL TASSIDERMISTA

E l'infinita vanità del tutto
Giacomo Leopardi

Cara mia, il catalogo c'è questo

lanço-me a tempos sem pejo bem antes
de repassar os ponteiros de minha culpa
não sou mais viandante não sou mais
encantador nem fidalgo da luxúria: apenas
sou discípulo de meus próprios rumos
toquei minha própria terra prometida
sem advertência ou sinais de misericórdia
ostento-me como amante de evanescências
do perfume que exalava de minha assídua
sedução. Ah, as mulheres! As mulheres
que hoje arrotam bolhas de formol na
tentativa de dissolver seu aprisionamento
delas ainda sou carrasco em frascos
empoeirados. Sempre me neguei a aceitar
que hálitos de amores roubados não se
prestavam a vidros enfileirados. Em vão
tento redimir-me: de nada restaria expur-

gar essa culpa por reter em êxtase lique-
feito minhas cópulas catalogadas. Não me
doem as lápides de noites licenciosas: hoje
cumpro o fado de sedutor de almas empalhadas

Il mio tesoro intanto

meu reino por um almoxarifado de pernas em meio a ligas corseletes torniquetes meias sedas e máscaras. Em mim a ambição sem nódoa de conquistar de voar e voar sem trégua de vitória em vitória jamais desdenhando meus desejos. O prazer mascarando o doce amor. Se todas as mulheres têm o direito de me encantar posso invadi-las com suspiros e derramamentos uterinos. Com pudor inocente de uma alma que a muito custo se rende. Eu executor de penas capitais: uma decretação sem zelo só fornicação. Eu sem perdão: só o gosto de me lambuzar retocando sua lascívia no molho da minha. Pois em mim nada perderia a inteireza nem sua face incógnita nem minha máscara de porco epicurista. O doce executor de damas sem

identidade quer recompor um inventário
de amantes sobrevividas. Quer atrações
nascentes quer bocas oferentes quer tudo
pela frente: todo prazer todo amor na inconstância na cumplicidade do seu verdugo

Là ci darem la mano

a vantagem de ter amado a primeira não
impediu às outras o direito de pretender
meu coração. Um dia reivindicaram todo
meu amor em troca da mera capitulação
pediram-me além do desconsolo da entre-
ga: de mão-cheia concedi-lhes anistia
não sendo possível remir. Pranteava-lhes
a ingenuidade e a franqueza de coração ao
duvidarem da traição que todas as aparên-
cias me confirmavam. Fui excessivamente
bom ao não enganar a mim mesmo. Preferi
minha autodeterminação sem o rompimento
dos destinos. O fluxo de transmissões tácteis
o paladar das peles a estática das genitálias
o apenas reter misturas inextrincáveis de
nossas entranhas (*confesso hoje, senhora, não
possuir o talento da dissimulação e que tenho*

o coração sincero). Abano meu instinto teimoso em constante experimentação e arremesso minha funda sobre terrenos minados: na geologia das carnes meu chamado é insondável

Eh via, buffone

minha vontade era seduzir a Terra inteira como
Alexandre ansiar outros mundos para lá esten-
der minhas conquistas amorosas. Para mim
bastava a retência imediata a prontidão de
uma mentira ou o embargo de um sonho nas
horas nuas (*eu não direi que conservo os mes-
mos sentimentos pela senhora nem que queimo
de desejos por reencontrá-la*). Nada disso passa
de escrituração: territórios carnais sem frontei-
ras. Descobri mil razões para fincar meus estan-
dartes sobre a verdade das sensações. Além
das aparências decidi devolver às damas seus
sonhos de insosso. Meus brasões hoje de-
postos desfraldam outros juízos. Tornei-me
infame aos meus olhos e deixei de ouvir as
quimeras que me mostravam inocente o coração
(*em questão de amor, senhora, sempre preferi*

a liberdade e jamais aceitaria trancar-me em quatro paredes). Impus-me as condições de sobrevida na trégua dos deuses: entre a impermanência do amor e a infinita vaidade do tudo

Deh! vieni alla finestra

dou-lhe minha face mais leviana: minha hipocrisia (*um vício na moda e todos os vícios na moda passam por virtudes*). A personagem do homem de bem é a melhor que se pode interpretar. Mas minha máscara jamais pôde resistir à arte da impostura na fidalguia. Induzo minhas abluções e elas já não purificaram esta culpa (*percebo que nosso matrimônio era apenas um adultério disfarçado*). Recambio meu arrependimento entre a desolação de Jó e a teodiceia epicurista. Já não me convence a gênese do sadismo nem a gramática sodomita. Extravaso toda sintaxe do sexo na minha linguagem privativa sem símbolos herdados sem ouvintes comprometidas (*senti que devia esquecê-la para que tivesse oportunidade de voltar às primeiras amarras. A senhora se opo-

ria a pensamentos puros?). Convém que esses pensamentos alentem minha sanidade: dispersando minha pena por não ter-lhe amado tanto

Solo, solo in buio loco

(*posso lhe pedir a graça de me reconhecer?
e posso esperar que se digne a voltar o rosto
em minha direção?*) Vejo-a sem demora mas
faço tocaia na vontade de esvaziar-me em
suas entranhas. Por vencer este embaraço
não temo que rebentos vingativos me encu-
bram de desgraça. Ai de mim que não me
manipulo nem me clono todas as manhãs ao
espelho. Pensei ser conveniente convidá-la pa-
ra uma sessão de mitose íntima mas minha ca-
raça não permitiria réplicas debochadas (*não
abandonarei meus hábitos agradáveis mas
terei o cuidado de me esconder e me divertir
na surdina*). O que é conveniente é deter-me
diante de minha vitrine de almas erráticas
nessa solidão me sintetizo me satisfaço com
quiromanias intermináveis. Se nesta lida um

dia for descoberto verei toda cabala mover-se contra mim. Tantas vezes vai o cântaro à fonte que um dia se quebra sobre nós: será o desgosto de tanto desejo ou a loucura do nada?

Questo è il fin di chi fa mal

decidi reconsiderar-me na busca do poema absoluto. Rasguei minha máscara e me vi de novo no espelho. Debilidades anatômicas evidenciam-se à beira de minha nudez e na sombra desta inquietude luto por não ser devorado por meu próprio reflexo (*tenho pena de vê-lo tão confuso. Não é melhor colocar no rosto a expressão de cinismo descarado?*). Não, saiba que meu crime não ficará sem castigo e que o céu saberá vingá-la pela minha perfídia. Pensei que haveria salvatório para minha soberba mas continuo incapaz de visualizar qualquer alteridade. Busco alívio no esgotamento das almas que roubei na redenção de um sedutor incapaz de dar-se por vencido pelo amor aventei em surdina o recurso de emascular-me sem dó mas resisti ao impulso artificial (*Meu coração pertence a todas as belas e cabe a cada uma delas ficar com ele o tempo que puder)*. Eu taxidermista penitente e incapaz de medir o tempo que resta. Ando enfastiado de tropos desgastados: acerto os ponteiros deste desajuste existencial e dissipo esta vida frouxa colecionando tolerância

A COMPLACÊNCIA DOS VOLSCOS

sim, eles me seriam generosos
haveriam de me oferecer uma poltrona
para acomodar minha fadiga
de me conceder uma honraria
canônica em cerimonial xamânico
de me encobrir com camadas de cal
para pôr fim à minha ardileza
de me emprestar uma *winchester*
para repenicar sobre meus desafetos
de me presentear zarabatanas
com sonífero para atirar a esmo
de disfarçar meu lado arcano
com economia de papel em branco
de me sepultar sobre toda
a vaidade que ruísse sob meus pés

haveria quem um dia se houvesse tanto por mim?

PEQUENO EXERCÍCIO DE AUSTERIDADE

me adormecem os neurônios em berços de
curto-circuito. Pensei em lhes cantar um mantra
latino: *credo quia absurdum credo quia absurdum*

com pronúncia pausada e inspiração diafragmal
(creio porque é absurdo creio porque é absurdo)
minha expiração tenta explicar os motivos de

minha fé. Meus neurônios se atritam. Cogito
a hipótese de moê-los com almíscar e flor de
laranjeira de queimá-los em oferta sincera

(*ad absurdum*). Meu mantra quer tornar-se im-
pronunciável entre meu diafragma e meu
coração (*credo quia absurdum*). Quer calar-se

diante do imponderável de mim mesmo (*credo*)
ouço apenas minha essência (*quia absurdum*) no
címbalo do diafragma. Tudo em mim se cala

apenas sinto uma clava aguda perspassando
minha medula: meu amuleto indesejado. Meus
neurônios moídos se negam à combustão

nesta oferenda. Prefiro dormir ao relento nu
e sem autocomiseração (doem-me as sacro-
ilíacas nesse exercício de inversão de chacras)

acordo e saúdo os sóis acariciando minha subs-
tância etérea. Entoo de novo o mantra em prece
gutural: nesta procissão de fé não me incenso fácil

EX-VOTOS

e essa fagulha que continua me
perturbando
disfarçando minha insatisfação
em flocos de desejos?
quando a percebo
entretenho a indolência
roubando bolhas de sabão
de seu corpo ensaboado
um regalo inocente:
a memória votiva de quem me quer
inclemente

*

ah, esse sacramento:
apresentar sua alma ao prazer
devorá-la em saltos de impala
num alarido de hienas
reter em você um rugido
cavernoso
entre chaves de pernas

dois sonâmbulos perdidos
na rua
nus diante da
nossa constelação de dois corpos
de repente a brandura
ao certificar-me que deitei fora
meu disfarce de eunuco
só para negar-lhe a entrega
ao amor
só para caçoar
de nossa impenitência

A VISITA MESSIÂNICA DE RINTINTIN

rintintin me visitou no
último verão
me contou suas peripécias
metafísicas
suas idiossincrasias
seu nojo aos heróis de TV
seu repúdio a versões *high-tech*
seu rancor a quem o empalhou
rintintin tinha razão:
era melhor não lhe terem
empalhado
sobravam-lhe motivos para crer
que sua alma gentil e colonizadora
poderia ter alcançado traduções
antropomorfas
sem o desgaste das múmias
sem a pedantismo dos museus
sem o anacronismo de cães
martirizados
rintintin ganha a vida

profetizando: não resta
tempo para encontrar quem
lhe devolva a
essência animal

MEU DIA NO OLIMPO

retratem-me em muros alvos
em *colorjet* roxo e preto
cubram-me de couro preto de tachinhas
de *piercings* de forquilhas na língua
de tatuagens de tigres de renas de Papai
Noel de signos da cabala de Iara
Mãe-d'água das barbas de Rasputin
da Sibila Délfica da cruz de Cristo
de Nossa Senhora das Dores das flechas
de São Sebastião dos peitos siliconados de
uma índia com trança
vistam-me com cintos medievais
ajustados com pregos com botas militares
com capacetes de pontas afiadas
viradas para o expectador
finjam que sou leviano libertário
libertino larápio leve literato
condenado à marsturbação eterna
no quarto círculo do inferno
entre dentes gastos por bruxismo

encenem minha queda
da altura virtual das torres gêmeas
torçam para que me espatife no chão
sem borrar a moldura
sem assustar os passantes
sem morte farsante
retratem-me numa esquina:
no semáforo serei um semideus

NAFTALÍNICAS (1)

um dia me colei com goma arábica
em folhas de papel almaço
letras de imprensa murmuravam
uma carta sem remetente
eis meu testamento sem tutores
sem bens servíveis
no envelope quis a estampilha
do milésimo gol de Pelé
optei por picotar as bordas
de um selo do Império tirado na
surdina da coleção de meu irmão
para atualizar um postagem
tão improvável
nunca vira antes um olho de boi mas
imaginava ter um olho de bisão
estagnado e sem carimbo
pérfido na busca de sua fêmea
temi pela sorte do destinatário
abdiquei dos meus legados
hoje me desfaço da goma arábica

e me estampo em meus próprios
olhos refletidos na frustração
de meu correio

NAFTALÍNICAS (2)

na ânsia de conceber uma
nova biogênese enterrei
o solitário de gravata presente
de formatura de papai
no terreiro de minha casa
numa gruta abissal para medidas só
experimentais entre espoletas
queimadas
e indinhos de Toddy
pensava que o esmero lapidado daquele
pedaço de vidro gerasse
ovos ocos sem sinal de clara ou gema
mas com indinhos rechonchudos e outros
obséquios cativos de alguns felizardos
prevendo a hecatombe familiar
recavei a gruta em vão: a terra engolira
o que sempre foi dela
restaram meus indinhos o buraco da
gruta que virou escada e o medo –
assistentes desse ofício quase divino

jamais imaginado pela minha avó autora
do regalo nem depois de sua morte –
hoje ensaio os primeiros passos
da criogenia canina e espero salvo-conduto
dos deuses para mais essa
brejeirice

NAFTALÍNICAS (3)

sempre me encafifei em
guarda-roupas antigos
entulhados de travesseiros
de paina de colchas de chenile
remendadas de cobertores de frios
vencidos na indolência sobreposta
das tardes de chuva fina
no escuro de meu universo vi dimensões
intocáveis vi paredes indizíveis vi
janelas sem moças vi respiradouros
peneirando a luz
vi os vãos para o vazio vi colunas fofas
sustentando meus sonhos
fui príncipe de armários embutidos
laureado por folhas de naftalinas
reinando sobre cupins e traças
único dono do tempo voltando os ponteiros
do cuco
sou bardo sem medo do escuro: meu
nanquim não se desbota e o
cranco do papel não tem cheiro
de desamparo

FACING MY GHOSTS

perguntei de novo por você mas não tive resposta *what the fuck is the matter with us?* ando cansado de tentar reinventar nossas almas *cause when I look at you I can't see an angel in your face* só vejo a arrebentação de meu desejo na sua boca escarlate em nossas noites inconcebíveis *like a devil in disguise you're full of unusual ways to love me* você me faz descobrir novos planetas livres da força gravitacional *I try to guess what's on your thoughts sometimes they say this is lust* meus olhos lacrimejam verdades os seus absorvem meus mistérios e eu pergunto de novo por você *you are my reason for being the explanation of my soul* ando perdido na linfa do tempo mas seus fantasmas me estremecem *but you're essential to me you're the air I breathe* neste quarto escuro sinto o hálito de um desejo insaciável

CORRENTE DE HUMBOLDT

por fim mergulho caolho em camadas
de sono: um desvio de
eixos não me permitem
alcançar a mobilidade uniforme exata
ouço meus passos sobre os pergaminhos
de um decálogo em estado
de liquefação
de vez um estrondo rompe
minha surdez e rói camadas
interditas de meu transe:
um baque de meteoritos que um
dia subtraí de meu próprio céu
um trovão e tudo me atordoa até
mesmo a pulsação de meus sonhos
em movimentos anarmônicos
por que não me conceder um *laisser-passer*
para ser livre nestas profundidades?
sim, porque prenuncio a diacronia de zonas
fossilizadas
que descascam formas antagônicas

de vida em meu oceano
a elas quero entoar o canto mavioso
de sirenas
atado a velas salvíficas
sobre o cascalho de vogais
anasaladas destoadas desbotadas
um mergulho que me expia
me poupa oxigênio e mantém
a pressão osmótica dos acasos:
enfim meu mergulho estrábico modulado
em correntes mornas
onde me deleito à sorte das marés

SUCUMBÊNCIA

pensei que tirada toda a seiva o caule
me livraria das saudades da
fotossíntese. Afinal pra que tanta
clorofila se bastava a luz?
nossa síntese nunca se serviu
de luz nossa liquidez
vem de vertigens não planejadas
preserva-se em elementos neutros
em reações sem combustão
em universos recurvados sobre si
mesmos
minha fluidez convoca células
volúveis
núcleos esvaziados de sêmen
nossa seiva se mistura em eletrólises
menos exatas
produzindo moléculas sem acomodação
nosso néctar se dispersa sem polinização:
é embriaguez sincera de nossas existências

LAURETTE COM UMA CHÁVENA DE CAFÉ

Para Claudia

sempre achei que lhe devia um soneto mínimo
deposto de abundâncias de reentrâncias de
confeitos existencialistas. Devia-lhe quadras
minimalistas sem pretensões gerativistas
dísticos sem mistérios acrósticos sem aniqui-
lamento. Talvez versos em ideogramas fáceis
rasgando o papel com sua tinta explosiva
sempre achei que lhe devia um quadro sem
versos uma figuração não espectral quase
viva pronta para você pendurar na parede
branca de sua alma. Não me bastavam adequa-
ções acadêmicas. Queria uma usurpação estéti-
ca: uma corruptela de Matisse em pinceladas
rápidas e em cores que escapassem ao fenôme-
no físico da luz. Avoquei *Laurette com uma chá-
vena de café*: a preguiça de quem brinca com
a própria existência a lassidão de quem se
mede no expectante. Laurette deu serventia
para toda usurpação toda obliquidade. Cap-
tulei diante de minha inaptidão para a cor

preferindo o exercício da simples nomeação
da ideia tal como ela existiu na realidade na
cabeça de Matisse. Em dunas edênicas eu
claudicava em seu lugar apesar de sua nomea-
ção mancava sobre pedras quentes tentando
estagnar minha queda. Eis que nos vimos no
espelho escondido de nosso amor: éramos
mais alvos que uma hóstia e você segurava a
minha mão. Deixei de lhe retratar nas cores do
mestre e nos figuramos bem claros puros
inocentes aparentemente sem memória. Em
você conservei a frescura do instinto daltô-
nico: abdiquei da cor sem me privar da luz

A NOITE LÍMBICA DE ALEJANDRA PIZARNIK

(na sobreposição de Cristina Rossi)

naquela noite naquele mundo
insinuava-se o esgotamento térmico
do Universo
sombras
recintos viscosos onde se oculta
a pedra da loucura
sua pessoa ferida
sua pessoa na primeira pessoa do singular
minha pessoa na segunda pessoa do singular
esperando pela lâmina retesada
na escuridão
esperando pela sinceridade absoluta
que lhe soava impossível

*

não, as palavras não fazem amor
fazem ausência
em cada palavra a renúncia
de outras
que o silêncio deixa

caladas
o silêncio extraordinário daquela noite
o que se passa com a alma é o que não se vê
o que se passa com a mente é o que não se vê
o que se passa com o espírito é o que não se vê
há conspirações entre nossas noites ou são meus
sonhos que frequentam a dilaceração da poeta?

*

ela pedia ajuda para escrever o poema
mais imprescindível
o que não servia nem para ser inservível
queria escrever a palavra exata
o poema incondicional
prevendo o martírio de sua pena
prevendo que se cumpririam suas
verdades
que o fracasso do poema seria a castração
por sua própria língua
que os corredores por ela percorridos não
seriam jamais visitados
que sua generosidade jamais
seria repetida:
uma canção distante
uma história de princesas
e castelos
o adeus do verão
a cigarra

Sobre o Autor

Fernando Antônio Dusi Rocha é mineiro de Ubá, radicado em Brasília desde 1984, onde é Procurador do Distrito Federal. Professor de direito administrativo, autor de livros na área e de artigos em revistas especializadas. É doutorando do Departamento de Teoria Literária e Literaturas da UnB, onde obteve o grau de Mestre (2008). Lançou sua primeira coletânea de poesias em 2006, *O Exílio de Polifemo*, obra que ficou entre as finalistas do Prêmio Jabuti no ano seguinte, na categoria poesia. Foi premiado na Itália e na França com o mesmo livro. É membro do Colégio de Poetas e Autores da Francofonia (França) e da Academia Internacional *Il Convivio* (Itália). É ensaísta em teoria literária e em análise de discurso literário, com publicações em revistas literárias e livros.

Título	Lições de Taxidermia
Autor	Fernando Antônio Dusi Rocha
Editor	Plinio Martins Filho
Produção editorial	Aline Sato
Capa	Tomás Martins
Ilustração da capa	Antoine Watteau (1684-1721)
	Couple Seated on the Ground
	National Gallery of Art, Washington, DC
Projeto gráfico	Aline Sato
Editoração eletrônica	Daniela Fujiwara
	Tomás Martis
Formato	14 x 21 cm
Tipologia	Minion Pro
Papel	Pólen Bold 90 g/m² (miolo)
Número de páginas	88
Impressão do miolo	Prol Gráfica
Impressão da capa	Nova Impress
Acabamento	Kadochi